KATASTROPHEN

Kalender

PETER K. STUMPF

Herstellung und Verlag: BoD -
Books on Demand, Norderstedt
ISBN: 978-3-7534-4633-2

JANUAR

01. Januar: Brasilien 1968 - Bei Überschwemmungen im Bundesstaat Bahia waren mehr als 200 Menschen ums Leben gekommen. Etwa 50.000 Menschen waren obdachlos geworden.

02. Januar: Schottland 1971 - Im «Old Firm» zwischen den Glasgow Rangers und Celtic kommt es nach dem Last-Minute-Ausgleich der Rangers auf den Rängen zu einer Massenpanik. Bei der Tragödie sterben 66 Menschen, mehr als 200 werden verletzt.

03. Januar: Böhmen 1934 - Bei einer Kohlenstaubexplosion auf der Zeche Nelson III im böhmischen Ossegg sterben 142 Bergleute.

04. Januar: England 1852 - Auf dem britischen Raddampfer RMS Amazon bricht während seiner Jungfernfahrt ein unkontrollierbares Feuer aus. Das Schiff explodiert und sinkt, 104 Menschen kommen ums Leben.

05. Januar: Nordirland 1953 - Nach einem planmäßigen Flug vom Flughafen Northolt flog eine Vickers Viking 1B der British European Airways am Flughafen Belfast-Nutts Corner, Nordirland vor der Landebahn in die Anflugbefeuerung und dann in das Gebäude des Instrumentenlandesystems. Dabei starben 27 Menschen, 8 überlebten den Unfall.

06. Januar: USA 1957 – Eine Convair CV-240-0 der American Airlines wurde im Anflug auf den Tulsa Municipal Airport (Oklahoma, USA) rund 6 Kilometer nördlich des Flughafens in den Boden geflogen, als der Erste Offizier die Höhenanzeige falsch interpretierte. Zuvor hatte der Kapitän einen Anflug mit Hilfe des Instrumentenlandesystems (ILS) zugunsten des

Nicht-Präzisionsanflugverfahrens mittels ungerichtetem Funkfeuer abgelehnt, obwohl die Wolkenuntergrenze bei nur 60 Meter Höhe in Nieselregen und Nebel lag. Bei diesem Unfall wurde ein Passagier getötet, die übrigen neun Insassen überlebten, davon sechs schwer verletzt.

07. Januar: Norwegen 1350 - Der Bischof von Stavanger, Guttorm Pålsson, ist der letzte dokumentierte Todesfall der großen Pestepidemie in Norwegen als Teil der Pest-Pandemie, der von 1347 bis 1353 vermutlich rund ein Drittel der europäischen Bevölkerung zum Opfer fällt.

08. Januar: Kongo 1996 - Bei der Flugzeugkatastrophe von Kinshasa stürzt eine Antonow An-32 der African Air, einem Tochterunternehmen der Scibe Airlift, nach einem missglückten Start in einen Marktplatz in Kinshasa, Demokratische Republik Kongo. 350 Menschen sterben.

09. Januar: Mittelmeer 1942 - Vor Menorca sinkt die Lamoricière, ein Passagierschiff der französischen Reederei Compagnie Générale Transatlantique, nachdem in einem schweren Sturm Wasser in den Rumpf eindringt. 301 Menschen sterben.

10. Januar: Peru 1962 - In Peru brechen vom Nordgipfel des Nevado Huascarán gewaltige Fels- und Eismassen ab. Die zu Tal gehende Gerölllawine kostet mindestens 2.000 Menschen das Leben.

11. Januar: Österreich 1954 - Lawinenabgänge in Vorarlberg fordern insgesamt 135 Tote, besonders betroffen ist die Gemeinde Blons im Großen Walsertal.

12. Januar: USA 1888 - Der Schoolchildren's Blizzard fegt über die US-Bundesstaaten der

Great Plains. Mindestens 200 Menschen, die von dem Blizzard überrascht werden, kommen ums Leben, der Großteil von ihnen Schulkinder.

13. Januar: USA 1840 - Wegen schwerwiegender Konstruktionsfehler bricht auf dem Schaufelraddampfer Lexington, der sich auf dem Weg von Manhattan nach Stonington, Connecticut, befindet, ein Feuer aus, woraufhin dieser steuerlos auf dem East River treibt. Von den 143 Personen an Bord überleben nur vier.

14. Januar: Japan 1917 - Der japanische Panzerkreuzer Tsukuba sinkt nach einem Brand und der Explosion der Munitionskammern in der Yokosuka-Bucht. Dabei sterben 200 der 817 Mann starken Besatzung.

15. Januar: Nordsee 1362 - Die Zweite Marcellusflut beginnt, die bis 17. Januar viele

Tausend Menschenleben an der Nordseeküste fordern wird.

16. Januar: Friesland 1511 - Die Antoniflut bricht zusammen mit starkem Eisgang über Ostfriesland herein. Viele Dörfer und Kirchspiele müssen aufgegeben werden. Erhebliche Landverluste gibt es an Dollart und Jadebusen.

17. Januar: USA - 1994: Beim Northridge-Erdbeben in Los Angeles kommen 57 Menschen ums Leben, mehr als 9.000 werden verletzt. Der Sachschaden wird auf 20 Milliarden Dollar geschätzt, das Erdbeben ist damit eine der teuersten Naturkatastrophen in den USA. Ein ungewöhnlicher Effekt des Erdbebens ist ein Ausbruch des Talfiebers (Kokzidioidomykose), an dem in den folgenden Wochen weitere Menschen sterben.

18. Januar: USA - 1884: Vor der Insel Martha's Vineyard an der Küste des US-Bundesstaats Massachusetts sinkt der amerikanische Passagierdampfer City of Columbus nach einer Felskollision. 29 Menschen können gerettet werden, während 103 ertrinken oder im eiskalten Wasser erfrieren, darunter alle Frauen und Kinder an Bord.

19. Januar: Deutsches Reich - 1883: Der deutsche Passagierdampfer Cimbria sinkt nach einer Kollision bei Borkum, 437 Menschen sterben.

20. Januar: Brasilien - 1887: An der brasilianischen Küste kollidiert das britische Auswandererschiff Kapunda mit der Bark Ada Melmore und sinkt innerhalb von fünf Minuten. Von den 313 Menschen an Bord kommen 297 ums Leben, darunter alle Frauen und Kinder.

21. Januar: Deutsches Reich - 1851: Beim Eisenbahnunfall von Avenwedde entgleist ein Zug von Minden ins Rheinland auf der Stammstrecke der Köln-Mindener Eisenbahn-Gesellschaft, wobei drei Menschen starben. Unter den Zugreisenden befindet sich auch Prinz Friedrich Wilhelm von Preußen, der spätere Kaiser Friedrich III., der leicht verletzt wird.

22. Januar: England - 1873: Der britische Klipper Northfleet wird vor der Landzunge Dungeness an der Küste der englischen Grafschaft Kent von dem spanischen Dampfer Murillo gerammt und geht unter, wobei 293 Passagiere und Besatzungsmitglieder ums Leben kommen.

23. Januar: China - 1556: Das Erdbeben in Shaanxi ist das bislang folgenreichste Erdbeben der Menschheitsgeschichte. Die Katastrophe in

China fordert schätzungsweise 830.000 Todesopfer.

24. Januar: Europa - 1966: In den Alpen kommen sämtliche 117 Insassen einer Boeing 707 der Air India ums Leben, als die Maschine an einem Felsmassiv des Mont Blanc zerschellt.

25. Januar: Chile - 1939: Ein Erdbeben der Stärke 8,3 in Chillán in Chile fordert rund 28.000 Todesopfer.

26. Januar: Portugal - 1531: In Lissabon ereignet sich ein Erdbeben, das etwa 30.000 Menschen tötet.

27. Januar: Indonesien - 1981: Die am Tag zuvor in Brand geratene Passagierfähre Tampomas II geht in der Javasee unter. Von den mutmaßlich mehr als 1.200 auf dem Schiff

befindlichen Personen können 672 gerettet werden, 147 Tote werden geborgen, 373 namentlich bekannte Menschen bleiben nach dem Seeunfall vermisst.

28. Januar: USA - 1986: 73 Sekunden nach dem Start der Mission STS-51-L, explodierte die Raumfähre in etwa 15 Kilometer Höhe. Dabei starben alle sieben Astronauten. Als Grund wurde das Versagen eines oder mehrerer Dichtungsringe in einer der seitlichen Feststoffraketen ermittelt. Es war der bis dahin schwerste Unfall in der Raumfahrtgeschichte der USA.

29. Januar: Deutschland - 2011 prallte ein Güterzug, gezogen von zwei Lokomotiven, mit der Gewalt von 2750 Tonnen auf einen Schienentriebwagen. Es gab 10 Tote, 43 Verletzte. Der Triebwagenführer, der den verspäteten Güterzug auf sich zurasen sah, rettete in den letzten Sekunden seines Lebens

zahlreiche Passagiere durch eine Gefahrenbremsung.

30. Januar: Deutsches Reich - 1945:Das deutsche ehemalige KdF-Passagierschiff Wilhelm Gustloff (25.484 BRT), beladen mit (vermutlich) weit über 10.580 Menschen, darunter 8.800 Flüchtlinge aus den deutschen Ostgebieten und 1.500 Soldaten, wurde von dem sowjetischen U-Boot S-13 in der Ostsee, nahe Stolpmünde, mit drei Torpedotreffern versenkt. Das Schiff sank innerhalb von knapp einer Stunde. Herbeieilende kleinere deutsche Kriegsschiffe konnten nur rund 1.240 Menschen bergen. Schätzungsweise 9.340 Menschen kamen ums Leben. Der Untergang der Wilhelm Gustloff war bis heute der verlustreichste Schiffsuntergang der Weltgeschichte bezogen auf ein einzelnes Schiff.

31. Januar: Europa - 1953: Die Hollandsturmflut in der Nacht auf den 1.

Februar überschwemmt weite Teile der Niederlande, Belgiens, Frankreichs, Dänemarks und Englands. Alleine in den Niederlanden sterben nach offiziellen Angaben 1.853 Menschen.

FEBRUAR

01. Februar: Argentinien - 1970: Im argentinischen Benavidet rast ein Intercity-Zug in einen wegen technischer Probleme auf dem Gleis stehenden Regionalzug. 236 Menschen sterben beim Zugzusammenstoß.

02. Februar: Philippinen - 1998: Beim Anflug auf Cagayan de Oro prallt eine Douglas DC-9 der Cebu Pacific mit 104 Menschen an Bord gegen einen Berg. Es gibt keine Überlebenden.

03. Februar: Nordseeküste - 1825: Die Februarflut, eine auch als Halligflut bezeichnete Sturmflut, verursacht schwere Schäden an der gesamten Nordseeküste und kostet rund 800 Menschen das Leben. Teile Sylts werden ins Meer gerissen, das nördliche Jütland wird zur Insel.

04. Februar: Südamerika - 1797: Die Stadt Riobamba im spanischen Vizekönigreich Neugranada, dem heutigen Ecuador, wird durch ein Erdbeben nahezu völlig zerstört, die Hälfte der Einwohnerschaft kommt ums Leben.

05. Februar: England - 1805: Der britische Ostindienfahrer Earl of Abergavenny sinkt vor Weymouth, England, nachdem er zuvor durch die Strandung auf einer Sandbank beschädigt wurde. 261 der 405 Menschen an Bord sterben, darunter der Kapitän John Wordsworth, ein Bruder des Dichters William Wordsworth.

06. Februar: Deutschland - 1958: Bei einer Zwischenlandung auf dem Flughafen München-Riem auf dem Weg von Belgrad nach Manchester verunglückt der British-European-Airways-Flug 609. 23 von 44 Passagieren, darunter fast die gesamte Mannschaft des englischen Fußballklubs Manchester United, kommen ums Leben.

07. Februar: USA - 1812: Nach dem 16. Dezember des Vorjahres und dem 23. Januar kommt es zum dritten Mal bei New Madrid, Missouri, zu einem schweren Erdbeben der Stärke 7 auf der Richterskala. Nach den drei Erdbeben ist etwa die Hälfte der Stadt völlig zerstört.

08. Februar: Karibik - 1843: Bei einem Erdbeben in den Kleinen Antillen kommt es zur Zerstörung der Stadt Pointe-à-Pitre.

09. Februar: 2001: Bei einem Notauftauchmanöver in der Nähe von Oahu, Hawaii, rammt ein US-amerikanische Atom-U-Boot das japanische Fischereischulschiff Ehime Maru, das innerhalb weniger Minuten sinkt. Dabei kommen 9 Besatzungsmitglieder ums Leben.

10. Februar: Menorca - 1910: Vor Menorca wird das französische Passagierschiff Général Chanzy durch heftige Sturmböen auf ein Riff geschleudert und sinkt, nachdem die Kesselräume explodieren. Nur einer der 156 Menschen an Bord überlebt.

11. Februar: 1907: Im Rhode Island Sound sinkt nach einer Kollision mit einem Schoner der Raddampfer Larchmont. 140 Menschen sterben.

12. Februar: Indischer Ozean - 1944: Bei der Versenkung des britischen Truppentransporters Khedive Ismail durch das japanische U-Boot I-27 im Indischen Ozean sterben 1297 Menschen; nur 214 Überlebende werden gerettet. I-27 wird noch am selben Tag durch den Zerstörer HMS Petard versenkt; von der japanischen Besatzung überlebt nur ein Mitglied.

13. Februar: USA - 1857: Nach dem Ablegen in New York verschwindet der Passagierdampfer Tempest der britischen Anchor Line mit 150 Menschen an Bord spurlos auf dem Nordatlantik.

14. Februar: Holstein - 1648: Die Naturkatastrophe von Holstein, ein Orkan mit Sturmflut und Erdbeben zerstört die Holsteinischen Elbmarschen. Unzählige Menschen und Tiere kamen ums Leben, das Gebiet war mehrere Monate völlig überflutet und verwüstet.

15. Februar: England - 1760: Das britische Linienschiff HMS Ramillies strandet nach einem Navigationsfehler bei Bolt Head in der Nähe von Plymouth, England. Etwa 700 Besatzungsmitglieder sterben, nur 26 Mann können sich retten. Es handelt sich um eines der schlimmsten Schiffsunglücke ohne Kriegseinwirkung in englischen Gewässern.

16. Februar: Deutschland - 1962: In der Nacht auf den 17. Februar trifft eine schwere Sturmflut auf Norddeutschland, die allein im schwer betroffenen Hamburg über 300 Menschenleben fordert.

17. Februar: Nordseeküste - 1164: Bei der Julianenflut, der ersten überlieferten Sturmflut an der deutschen Nordseeküste, bildet sich eine Vorstufe des Jadebusens, es gibt 20.000 Tote.

18. Februar: Indien - 2004: Mindestens 320 Menschen, davon etwa 200 Rettungsarbeiter, kommen beim Eisenbahnunfall von Nischapur im Iran durch den Brand eines Güterzugs ums Leben.

19. Februar: Kanada - 1860: Der Passagierdampfer Hungarian der kanadisch-britischen Allan Line wird vor Sable Island an der Küste von Nova Scotia in einem Schneesturm gegen die Klippen geworfen und sitzt auf Grund. Aufgrund des Sturms können keine Retter zu dem Schiff vordringen. Alle 205 Passagiere und Besatzungsmitglieder sterben.

20. Februar: Deutschland - 1946: Bei einer Explosion in 930 m Tiefe in der Zeche Monopol Schacht Grimberg 3/4 in Bergkamen in Deutschland kommen 405 Menschen ums Leben. Es kann nicht herausgefunden werden, ob das schlimmste Grubenunglück in der

deutschen Geschichte auf eine Schlagwetterexplosion oder eine Kohlenstaubexplosion zurückzuführen ist.

21. Februar: Griechenland - 1858: Ein Erdbeben zerstört die griechische Stadt Korinth. Sie wird danach sechs Kilometer entfernt wieder aufgebaut.

22. Februar: USA - 1901: Der amerikanische Passagierdampfer City of Rio de Janeiro sinkt in der Bucht von San Francisco nach der Kollision mit einem Unterwasserfelsen. 138 der 220 Menschen an Bord kommen ums Leben. Der Untergang der City of Rio de Janeiro gilt als das bis heute schwerste Schiffsunglück im San Francisco Bay Area.

23. Februar: Bodensee - 1989: Eine Commander AC-90 der österreichischen Fluglinie Rheintalflug stürzt von Wien-

Schwechat kommend beim Landeanflug auf den Flugplatz St. Gallen-Altenrhein in den Bodensee. Alle elf Personen an Bord kommen ums Leben. Unter ihnen der österreichische Sozialminister Alfred Dallinger.

24. Februar: Australien - 1875: An der Küste von Queensland wird der Passagierdampfer Gothenburg von einem Zyklon überrascht und prallt auf Felsen des Great Barrier Reef. Das Schiff sitzt auf den Felsen fest und wird langsam geflutet. 113 Menschen sterben.

25. Februar: Irland - 1917: Der britische Ozeandampfer RMS Laconia wird an der südirischen Küste ohne Vorwarnung von einem deutschen U-Boot versenkt, zwölf Menschen sterben. Der Tod von zwei US-Amerikanerinnen sorgt für politische Spannungen.

26. Februar: England - 1918: Durch die Versenkung des britischen Hospitalschiffs HMHS Glenart Castle durch das deutsche U-Boot UC 56 kommen im Bristolkanal 153 Besatzungsmitglieder, Krankenschwestern und Patienten ums Leben.

27. Februar: England - 1916: Der britische Passagierdampfer Maloja sinkt zwei Meilen vor Dover durch das Auflaufen auf eine Mine, die von einem deutschen U-Boot einige Tage vorher gelegt worden ist, 155 Passagiere und Besatzungsmitglieder ertrinken. Der Untergang der Maloja ist einer der größten Verluste für die britische Reederei P & O.

28. Februar: Iran - 1997: Ein Erdbeben im Norden des Iran fordert etwa 3.000 Tote.

29. Februar: Österreich - 1964: Ein im Landeanflug auf Innsbruck befindliches

Passagierflugzeug der British Eagle International Airlines kollidiert auf dem British-Eagle-Flug 802 mit der Ostflanke des Glungezer in den Tuxer Alpen. Alle 83 Personen an Bord kommen ums Leben.

MÄRZ

01. März: Gibraltar - 1694: Bei einem schweren Sturm sinken vor Gibraltar sieben englische Kriegsschiffe eines Flottenverbands unter Konteradmiral Sir Francis Wheeler, darunter das Flaggschiff Sussex, das vermutlich eine geheime Fracht von zehn Tonnen Gold oder 100 Tonnen Silber transportiert, sowie zwei weitere Linienschiffe, die Cambridge und die Lumley Castle. Zu den 823 Opfern der Katastrophe gehört auch Konteradmiral Wheeler.

02. März: Algerien - 1825: Die algerische Stadt Blida wird durch ein Erdbeben, das etwa 7.000 Menschenleben kostet, fast völlig zerstört.

03. März: Frankreich - 1974: Kurz nach dem Start vom Pariser Flughafen Paris-Orly verunglückt eine McDonnell Douglas DC-10 beim Turkish-Airlines-Flug 981. Beim Absturz kommen 346 Menschen ums Leben.

04. März: Rumänien - 1977: Durch ein Erdbeben, das das Gebiet um die rumänische Hauptstadt Bukarest erschüttert, kommen rund 1.500 Menschen ums Leben. Dabei wird auch ein großer Teil der historischen Bausubstanz der Stadt zerstört.

05. März: Brasilien - 1916: Vor Santos an der brasilianischen Küste läuft der spanische Luxusliner Príncipe de Asturias auf einen Felsen

und sinkt in nur fünf Minuten. 445 Passagiere und Besatzungsmitglieder sterben. Es handelt sich um eine der größten Tragödien in der Geschichte der spanischen Dampfschifffahrt.

06. März: Algerien - 2003: Eine Boeing 737 der Air Algérie kam beim Start von Tamanrasset von der Startbahn ab. Von den 103 Menschen an Bord starben 102.

07. März: Madagaskar - 2004: Rund 120 Menschen sterben beim Untergang der Fähre Samson zwischen den Komoren und Madagaskar während des Zyklons Gafilo.

08. März: Sizilien - 1669: Der Vulkan Ätna bricht aus. Die Eruption wird bis zum 11. Juli anhalten und als historisch größte angesehen. Die Stadt Catania wird teilweise, einige Dörfer werden vollständig von Lavamassen zerstört.

09. März: Griechenland - 1965: Ein Erdbeben zerstört auf der Sporadeninsel Alonnisos in der gleichnamigen Inselhauptstadt 85 Prozent der Gebäude. Die Einwohner siedeln nach Patitiri um.

10. März: Südamerika - 1987: Ein Erdbeben der Stärke 7,0 in Kolumbien und Ecuador fordert über 1.000 Tote.

11. März: England - 1864: Der Dale-Dyke-Staudamm in England bricht, die Flutwelle verwüstet große Teile von Sheffield und fordert etwa 270 Todesopfer.

12. März: Japan - 1934: Das japanische Torpedoboot Tomozuru kentert während einer Übung im Sturm vor Sasebo. Von den 113 Besatzungsmitgliedern kommen 100 Mann ums Leben.

13. März: Türkei - 1992: Ein Erdbeben in der türkischen Region Erzincan fordert etwa 650 Todesopfer.

14. März: USA - 1910: In dem von der Lakeview Oil Company in Kalifornien begonnenen Bohrloch Lakeview Number One kommt es zu einem Blowout. Beim sogenannten Lakeview Gusher strömen in den folgenden 1½ Jahren rund 1.400.000 m³ Erdöl aus, ehe der Ausbruch unter Kontrolle gebracht werden kann.

15. März: Albanien - 2008: In einem Lager der albanischen Armee mit alter, zu entsorgender Munition im Dorf Gërdec kommt es zu einer Serie schwerer Explosionen. 26 Personen sterben, Hunderte werden verletzt. Mehrere Hundert Gebäude werden komplett zerstört, 1500 Gebäude in einem weiten Umkreis beschädigt.

16. März: China - 1925: Ein Erdbeben der Stärke 7,1 in der Provinz Yunnan, Volksrepublik China, fordert etwa 5000 Tote.

17. März: Gibraltar - 1891: Das britische Passagierschiff Utopia kollidiert im Hafen von Gibraltar mit dem Linienschiff HMS Anson und sinkt innerhalb von fünf Minuten. 535 Menschen kommen ums Leben.

18. März: Peru - 1971: Bei einem Bergrutsch stürzen große Gesteinsmassen in den See Lago Yanahuin in Peru, die ausgelöste Flutwelle von 30 m Höhe zerstört die Minensiedlung Chungar und tötet mehrere hundert Personen.

19. März: USA - 1951: Eine Lockheed L-749 Constellation der US-amerikanischen Trans World Airlines (N91202) verunglückte bei der Landung auf dem Flughafen Phoenix, Arizona, da das Fahrwerk nicht ausgefahren war. Das

Flugzeug wurde evakuiert, alle 34 Insassen überlebten.

20. März: Argentinien - 1861: Ein Erdbeben zerstört die westargentinische Stadt Mendoza. Schätzungsweise 6.000 Tote, etwa ein Drittel der Einwohner, sind zu beklagen.

21. März: Deutschland - 2013: Flugunfall am Berliner Olympiastadion: Im Zuge einer Großübung der Bundespolizei kollidierte ein Hubschrauber mit einem stehenden Hubschrauber. Es wurden acht Menschen verletzt, darunter vier schwer. Einer der Piloten starb.

22. März: Nordamerika - 1622: Opechancanough führt die Stammesföderation der Powhatan zu einem Angriff auf die Siedlungen vor Jamestown und zerstört diese. Die Stadt selbst entgeht dem Massaker nur

durch die Warnung des zum Christentum konvertierten Indianerjungen Chanco.

23. März: Mexiko - 1980: Das Bohrloch der am 3. Juni 1979 explodierten Ölplattform an der Explorationsbohrung Ixtoc I des mexikanischen Mineralölkonzerns PEMEX kann geschlossen werden. Bis dahin sind täglich rund 100.000 bis 300.000 Barrel Rohöl ins Meer geflossen und haben eine der größten Ölverschmutzungen verursacht.

24. März: USA - 1989: Der Öltanker Exxon Valdez läuft vor Alaska im Prinz-William-Sund auf ein Riff, während sich der alkoholkranke Kapitän Joseph Hazelwood volltrunken in seiner Koje befindet. 40.000 Tonnen Rohöl laufen aus und verpesten rund 2000 Kilometer Küste. Hunderttausende Fische, Seevögel und andere Tiere kommen bei der Ölverschmutzung ums Leben. Die langfristigen Folgen auf das Ökosystem sind nicht abzusehen.

25. März: USA - 1913: Nach viertägigen Stürmen und Regenfällen tritt der Ohio River über die Ufer und überschwemmt Dayton, Ohio. Über 350 Menschen kommen ums Leben, rund 65.000 werden obdachlos.

26. März: Venezuela - 1812: Ein Erdbeben zerstört Caracas, Venezuela. Etwa 12.000 Menschen kommen bei der Katastrophe ums Leben, von der auch Alexander von Humboldt berichtet.

27. März: Teneriffa - 1977: Auf Teneriffa, Flughafen Teneriffa Nord, ereignet sich das verheerendste Flugzeugunglück der zivilen Luftfahrt, als ein Jumbo-Jet der KLM Royal Dutch Airlines beim Starten bei dichtem Nebel in einen zweiten Jumbo rast, der auf der Landebahn zur Startposition rollt und nicht mehr rechtzeitig abbiegen kann, nachdem der andere Pilot aufgrund eines

Kommunikationsproblems zu früh zum Start beschleunigt. Von den 644 Menschen an Bord beider Maschinen sterben 583 Menschen, nur 61 können sich selbst retten oder gerettet werden.

28. März: Indonesien - 2005: Ein Erdbeben vor Nord-Sumatra mit der Stärke 8,6 auf der Richterskala tötet mehr als 1300 Menschen. Es handelt sich um ein Nachbeben des schweren Erdbebens im Indischen Ozean vom 26. Dezember des Vorjahres.

29. März: Afrika - 1953: Eine Vickers Viking 1B der Central African Airways (VP-YEY) zerbrach während des Fluges in der Nähe von Mkwaya (Tansania). Das Flugzeug war auf dem Weg von Blantyre (Malawi) nach Daressalam. Als Ursache wurde die Verwendung eines ungeeigneten Schmiermittels bei der Wartung der Bolzen festgestellt, das zur Korrosion geführt hatte. Alle 13 Insassen, 5

Besatzungsmitglieder und 8 Passagiere, wurden getötet.

30. März: Guernsey - 1899: Der britische Dampfer Stella der London and South Western Railway rammte 15 Meilen vor der Insel Guernsey (Ärmelkanal) in dichtem Nebel und bei voller Geschwindigkeit ein zur Felsengruppe Casquets gehörendes Riff und sank innerhalb von acht Minuten. 105 Passagiere und Besatzungsmitglieder kamen ums Leben.

31. März: Australien - 1910: Die Pericles (10.925 BRT), das zu dem Zeitpunkt größte britische Passagierschiff im Australien-Service, lief mit 401 Passagieren und Besatzungsmitgliedern an Bord vor der Küste von Western Australia auf einen bis dahin unbekannten Felsen. Das Schiff sank innerhalb von zweieinhalb Stunden. Aufgrund der verhältnismäßig günstigen Verhältnisse konnten alle Menschen an Bord gerettet

werden. Das Wrack wurde erst in den 1950er Jahren entdeckt.

APRIL

01. April: Kanada - 1873: Beim Untergang des Passagierdampfers RMS Atlantic der britischen White Star Line vor der Küste von Nova Scotia (Kanada) kommen 545 Passagiere und Besatzungsmitglieder ums Leben. Es handelt sich um das bis dahin schwerste Schiffsunglück auf dem Nordatlantik.

02. April: Philippinen - 1991: Mit einer phreatomagmatischen Explosion beginnt der Ausbruch des Vulkans Pinatubo auf der philippinischen Insel Luzon. Die Ausbrüche dauern bis zum August an und zerstören ein Gesamtgebiet von 150 km² im Wert von 125 Millionen Pesos. Globale Auswirkungen sind Sonnenlichtreduktion und ein Temperaturabfall

von 0,4 Grad weltweit. Mindestens 875 Menschen kommen ums Leben.

03. April: USA - 1974: Beim Super Outbreak wüten heute und am Folgetag insgesamt 148 Tornados in 13 US-Bundesstaaten im Süden und Mittleren Westen. Die Katastrophe fordert 315 Menschenleben und etwa 600 Millionen US-Dollar Sachschäden.

04. April: Indien - 1905: Einem Erdbeben der Stärke 7,8 auf der Richterskala im indischen Kangra fallen rund 19.000 Menschen zum Opfer.

05. April: Indonesien - 1815: Der rund 14 Tage dauernde Ausbruch des Vulkans Tambora auf Sumbawa in Indonesien beginnt mit einer ersten Eruption. Weitere, insbesondere am 10. April, führen zu insgesamt etwa 100.000 Todesopfern auf Grund des Ausbruchs und

darauf folgender Flutwellen. Durch den vulkanischen Winter kommt es auch in Europa zu Hungersnöten.

06. April: Dubrovnik - 1667: Ein schweres Erdbeben lässt in Dubrovnik, der Hauptstadt der gleichnamigen Republik fast alle Gebäude einstürzen, während die Stadtmauern der Naturgewalt standhalten. Unter den mehr als 5000 Todesopfern befindet sich auch das Stadtoberhaupt.

07. April: Bäreninsel - 1989: Das Atom-U-Boot K-278 sinkt nach einem Feuer im Heckraum vor der norwegischen Bäreninsel. 42 Seeleute kommen ums Leben, bis heute besteht die Gefahr einer radioaktiven Verseuchung.

08. April: Italien - 1906: Am Höhepunkt des seit 4. April dauernden schwersten Ausbruchs

des Vesuvs seit 1631 wird Asche bis in 1300 m Höhe geschleudert. Die Spitze des Berges wird gekappt und er verliert über 200 m Höhe. Bei dem Vulkanausbruch, der bis zum 22. April dauert, kommen mehr als 100 Menschen ums Leben.

09.	April:	Antiochia - 37: Antiochia am Orontes wird durch ein Erdbeben zerstört.

10.	April:	Neuseeland - 1968: Die Fähre Wahine läuft bei Sturm auf das Barrett Reef vor Wellington Harbour, Wellington, Neuseeland, und sinkt. 53 Menschen kommen bei dem Unfall ums Leben.

11.	April:	Puerto Rico - 1952: Auf dem Pan-Am-Flug 526A muss eine Douglas DC-4 vor der Küste Puerto Ricos bei schwerem Seegang notwassern. Obwohl alle 69 Insassen den Aufprall überleben, verbleiben 52 Passagiere wegen der unkoordinierten Evakuierung an Bord und gehen mit dem Flugzeug unter.

12. April: England - 1665: Margaret Porteous ist der erste registrierte Pest-Todesfall der Großen Pest von London, die bis zum Großen Brand 1666 in London und Umgebung wüten und rund 100.000 Todesopfer fordern wird.

13. April: Indien - 1749: Vor der Küste Südostindiens sinken die beiden britischen Linienschiffe HMS Pembroke und HMS Namur in einem Zyklon. 850 Besatzungsmitglieder sterben, nur 14 können sich retten.

14. April: Atlantik - 1912: Um ca. 23:40 Uhr rammt die R.M.S. Titanic im Nordatlantik einen Eisberg. Das Schiff der White Star Line unter Kapitän Edward John Smith sinkt innerhalb weniger Stunden, 1514 Menschen kommen ums Leben.

15. April: England - 1989: Bei der Hillsborough-Katastrophe im Hillsborough-Stadion im nordenglischen Sheffield werden beim FA-Cup-Spiel Nottingham Forest gegen FC Liverpool viele Liverpool-Fans auf einer überfüllten Tribüne zusammengepresst. 96 Menschen verlieren ihr Leben, 730 werden verletzt.

16. April: Ostsee - 1945: Die Versenkung des mit Flüchtlingen beladenen deutschen Schiffes Goya in der Ostsee vor der pommerschen Küste durch das sowjetische U-Boot L-3 fordert ca. 7200 Tote, 176 Menschen können gerettet werden. Der Kommandant des U-Bootes wird später für die Versenkung als Held der Sowjetunion geehrt.

17. April: Myanmar - 1947: Der britische Passagierdampfer Sir Harvey Adamson verschwindet spurlos auf einer Fahrt von

Rangun nach Mergui. An Bord waren 269 Passagiere und Besatzungsmitglieder.

18. April: Helgoland - 1947: Mit der bis heute größten nichtnuklearen Sprengung zerstört das britische Militär die Bunkeranlagen auf der Insel Helgoland. Die Insel verändert mit der Sprengung ihr Aussehen nachhaltig.

19. April: Dänemark - 1689: Bei einer Opernaufführung im Theater des dänischen Schlosses Amalienborg entzündet sich die Dekoration. Das Theater und das Schloss, auf das die Flammen übergreifen, werden beim Brand zerstört. 171 Menschen sterben, unter ihnen der Komponist Johan Lorentz.

20. April: Magdeburg - 1207: Ein Brand zerstört am Karfreitag große Teile Magdeburgs, unter anderem den unter Kaiser Otto erbauten Magdeburger Dom und die Königspfalz.

21. April: Taiwan - 1935: Ein Erdbeben der Stärke 7,1 in der Region um die Stadt Hsinchu verursacht auf Taiwan 3276 Tote.

22. April: Mexiko - 1992: In Guadalajara, Mexiko, kommt es durch einen Funken zu einer Folge mehrerer schwerer Explosionen in der Kanalisation der Stadt, wobei die über den betroffenen Kanälen liegenden Straßen und die angrenzenden Gebäude zerstört oder schwer beschädigt werden. Über 200 Menschen werden getötet, Tausende obdachlos. Schon in den Wochen zuvor ist ein hochentzündliches Benzin-Luft-Gemisch in der Kanalisation festgestellt worden, das von den Verantwortlichen allerdings nicht ernst genommen worden ist.

23. April: Martinique - 1902: Auf der Antillen-Insel Martinique zeigt der Vulkan Mont Pelé eine kleine Eruption, die den großen

verheerenden Ausbruch vom 8. Mai ankündigt,
der der verlustreichste Vulkanausbruch des 20.
Jahrhunderts mit rund 30.000 Toten ist.

24. April: Bangladesch - 2013: Beim Einsturz
eines Gebäudes in Sabhar, Bangladesch,
werden 1127 Menschen getötet und 2438
verletzt.

25. April: Japan - 2005: Beim Eisenbahnunfall
von Amagasaki auf der Fukuchiyama-Linie, die
von der West Japan Railway Company
betrieben wird, kommen 107 Menschen ums
Leben, über 500 werden verletzt. Es ist das
schwerste Zugunglück in Japan seit 1963.

26. April: Nordamerika - 1717: Das von
einem Hurrikan nahe Cape Cod auf Grund
gesetzte Piratenschiff Whydah geht unter. Es
reißt den größten bisher bekannten
Piratenschatz mit sich in die Tiefe. 144 Mann

der Besatzung sterben, unter ihnen der als Black Sam bekannte Kapitän Samuel Bellamy. Neun Mann überleben das Desaster, davon werden sechs später als Seeräuber gehängt.

27. April: Nordatlantik - 1863: Der Passagierdampfer Anglo Saxon der Allan Line kollidiert vor Cape Race an der Küste von Neufundland in dichtem Nebel mit einem Felsen und sinkt, 238 Menschen sterben. Der Untergang der Anglo Saxon ist das bis dahin schwerste Schiffsunglück auf dem Nordatlantik.

28. April: Türkei - 1903: Ein Erdbeben der Stärke 6,3 in der Türkei fordert ca. 2200 Tote.

29. April: China - 1991: Ein Zugunglück in der chinesischen Provinz Hunan fordert über 200 Menschenleben.

30. April: Wien - 1276: Die dritte Feuersbrunst innerhalb eines Jahres nach dem 28. März und dem 16. April führt dazu, dass nunmehr rund zwei Drittel der Stadt Wien zerstört sind.

MAI

01. Mai: Iran - 1929: Ein Erdbeben der Stärke 7,2 fordert im Iran und in Turkmenistan ca. 5.800 Todesopfer.

02. Mai: Aachen - 1656: Unachtsamer Umgang mit Holzkohle im Hause eines Bäckers löst den Stadtbrand von Aachen aus, bei dem sieben Achtel der Stadt zerstört werden. Aachen wird später als Badekurort wieder aufgebaut.

03. Mai: Kanada - 1887: Bei einem Grubenunglück in Nanaimo, British Columbia, sterben 150 Bergleute, nur sieben überleben. Das Grubenunglück von Nanaimo ist bis 1917 die schwerste von Menschenhand verursachte Explosion in Kanada.

04. Mai: Österreich -1201: Das erste überlieferte starke Erdbeben in Österreich ereignet sich im Liesertal. Zwei Burgen und einige Kirchen werden von ihm zerstört.

05. Mai: Hamburg - 1842: Im Haus Nummer 44 in der Deichstraße am Nikolaifleet beim Cigarrenmacher Cohen in Hamburg wird ein Brand gelegt. Obwohl er rasch entdeckt wird, gelingt es der Feuerwehr nicht, ihn unter Kontrolle zu bekommen. Der Hamburger Brand dauert über drei Tage, 1700 Häuser werden zerstört, 51 Menschen kommen ums Leben, 20.000 verlieren ihr Heim.

06. Mai: USA - 1937: Das Luftschiff LZ 129 Hindenburg geht bei der Landung in Lakehurst USA, in Flammen auf. Es sterben 36 Menschen.

07. Mai: Karibik - 1902: Der Ausbruch des Vulkans Soufrière auf der Karibikinsel St. Vincent fordert 1680 Menschenleben. Der Ausbruch fällt mitten in die Vorboten für den Ausbruch der Montagne Pelée auf der Nachbarinsel Martinique.

08. Mai: Frankreich - 1842: Bei Meudon ereignet sich in Frankreich der Eisenbahnunfall von Versailles. Mindestens 50 Menschen sterben nach einem Achsbruch der ersten Dampflokomotive eines mit etwa 770 Personen besetzten Zuges. Die zweite Lokomotive und drei Personenwagen schieben sich in das Wrack. Prominenteste Opfer werden der Polarforscher Jules Dumont d'Urville mit Frau und Sohn.

09. Mai: Chile - 1877: Beim Erdbeben von Iquique und dem darauf folgenden Tsunami kommen 2541 Menschen ums Leben. Die meisten Opfer gibt es in Chile in der Region von Iquique und im benachbarten Peru. Doch die Auswirkungen sind bis nach Hawaii und Japan zu spüren.

10. Mai: Nepal - 1996: Am Mount Everest werden mehrere kommerzielle Expeditionen mit insgesamt 30 Menschen von einem Wetterumschwung mit Schneesturm überrascht. Bis zum Ende des folgenden Tages kommen insgesamt 8 Menschen bei dem bisher schwersten Unglück am Mount Everest ums Leben. Der überlebende Teilnehmer Jon Krakauer hält die Ereignisse später in dem Buch Into Thin Air fest.

11. Mai: England - 1985: Bei der Valley-Parade-Feuerkatastrophe im Fußballstadion von Bradford im englischen Yorkshire während der Aufstiegsfeier der Fußballmannschaft

Bradford City kommen 56 Menschen ums Leben, 265 werden verletzt.

12. Mai: China - 2008: Bei einem schweren Erdbeben in Sichuan im Süden der Volksrepublik China mit einer Magnitude von 7,9 auf der Momenten-Magnituden-Skala sterben fast 70.000 Menschen. 5,6 Millionen werden obdachlos.

13. Mai: Niederlande - 2000: Die Explosion der Feuerwerksfabrik von Enschede verursacht den Tod von 23 Menschen, verletzt 947 Personen und beschädigt oder zerstört 1500 Häuser. Der angerichtete Sachschaden wird auf 454 Millionen Euro taxiert.

14. Mai: Bangladesh - 1996: Schwere Stürme und ein Tornado töten in Bangladesch mehr als 600 Menschen.

15. Mai: Chinesisches Meer - 1904: Der Geschützte Kreuzer Yoshino sinkt nach der Kollision mit dem Panzerkreuzer Kasuga (beide Japan) östlich von Lüda. Von der 338 Mann starken Besatzung kommen 319 ums Leben.

16. Mai: Golf von Aden - 1932: Auf der Rückreise von seiner Jungfernfahrt brannte der knapp 18.000 BRT große französische Luxusdampfer vor Kap Guardafui im Golf von Aden über Nacht aus. 54 Menschen starben, alles Passagiere. Die Unglücksursache konnte nie einwandfrei geklärt werden; es wurden unter anderem Sabotage oder Brandstiftung vermutet. Es handelte sich um das größte Unglück der Reederei Messageries Maritimes in Friedenszeiten.

17. Mai: Togo - 1911: Die Landungsbrücke Lomé in der deutschen Kolonie Deutsche Kolonie Togo wird durch ungewöhnlich starken Seegang schwer beschädigt. Drei Drehkräne

und etwa ein Dutzend Bahnwaggons werden ins Meer gerissen.

18. Mai: USA - 1980: Beim Ausbruch des Mount St. Helens im Bundesstaat Washington in den USA rutscht der nördliche Gipfel des Vulkans ab, wodurch ein pyroklastischer Strom freigesetzt wird, der 57 Menschen tötet, unter ihnen der Vulkanologe David A. Johnston.

19. Mai: Schweden - 1314: Die schwedische Stadt Visby brennt vollständig ab.

20. Mai: Antiochia - 526: Einem Erdbeben in Antiochia und Syrien fallen laut Angaben des Historikers Johannes Malalas bis zu 250.000 Menschen zum Opfer.

21. Mai: Japan - 1792: Ein Ausbruch des Schichtvulkans Unzen auf der Shimabara-

Halbinsel in Japan löst eine Gerölllawine in den Ozean aus. Es entsteht ein Tsunami, der die Stadt Shimabara völlig zerstört und etwa 15.000 Menschen das Leben kostet.

22. Mai: England - 1915: Bei Quintinshill in der Nähe von Gretna Green kommt es zum schwersten Eisenbahnunglück in der britischen Geschichte, bei dem 230 Menschen getötet und 246 verletzt sowie fünf Züge zerstört werden. Da es sich bei den meisten Opfern um Soldaten eines Truppentransportes handelt, wird der Vorgang geheim gehalten.

23. Mai: Burma - 1969: 23. Mai – Die Piloten einer Douglas DC-3/C-47A der Union of Burma Airways verloren im Anflug auf den Flughafen von Lashio plötzlich die Kontrolle über die Maschine. Diese stürzte aus einer Höhe von etwa 300 Metern nahezu senkrecht zu Boden. Alle 6 Insassen, 4 Besatzungsmitglieder und 2 Passagiere, kamen ums Leben. Das Flugzeug wurde zerstört. Wahrscheinlich wurde der

Kontrollverlust durch ein asymmetrisches Ausfahren der Landeklappen ausgelöst.

24. Mai: Peru - 1964: Als der Schiedsrichter kurz vor Spielende im Nationalstadion von Lima ein Tor der Fußballelf Perus im Olympiaqualifikationsspiel gegen Argentinien nicht anerkennt, kommt es zu Tumulten. Das Abfeuern von Tränengas seitens der Polizei auf die Fußballfans lässt tausende Zuschauer flüchten, doch sind die Ausgänge noch geschlossen. Bei der anschließenden Massenpanik sterben 328 Menschen, etwa 500 werden verletzt.

25. Mai: USA - 1865: 300 Menschen werden getötet, als in Mobile, Alabama, ein Munitionslager explodiert.

26. Mai: Norwegen - 1822: Beim Brand der Stabkirche im norwegischen Grue sterben am ersten Pfingsttag mindestens 113 Menschen.

27. Mai: Japan - 1293: Bei einem Erdbeben unbekannter Stärke in Kamakura in Japan kommen über 23.000 Menschen ums Leben.

28. Mai: USA - 1977: Ein Feuer im Beverly Hills Supper Club in Southgate, Kentucky fordert 165 Menschenleben.

29. Mai: Thüringen - 1613: Schwere Gewitter lösen die Thüringer Sintflut aus. Die Naturunbilden sind für den Tod von 2.261 Menschen verantwortlich.

30. Mai: Südafrika - 1815: Das britische Schiff Arniston läuft in der Nähe des Ortes Waenhuiskrans bei starkem Sturm auf ein Riff

beim südafrikanischen Kap Agulhas. Sechs Menschen gelingt das Erreichen des Ufers, 372 sterben beim Schiffsuntergang.

31. Mai: Peru - 1970: Das Erdbeben von Ancash verursacht in Peru insgesamt etwa 66.000 Tote. In der Hauptstadt Huaraz der Region Ancash sind etwa 10.000 Opfer zu verzeichnen. Alleine in der nordperuanischen Stadt Yungay sterben bis zu 20.000 Menschen bei einem Bergsturz. Vom Huascarán-Massiv stürzt mit etwa 220 km/h eine Schlamm-, Eis- und Gerölllawine herab, die erst nach 14 Kilometern zur Ruhe kommt.

JUNI

01. Juni: China - 70 v. Chr.: Beim Erdbeben von Zhucheng und Changle in der chinesischen Provinz Shandong sterben der Quelle Han Shu zufolge etwa 6000 Menschen.

02. Juni: Pakistan - 1965: Ein Wirbelsturm im Osten Pakistans fordert ca. 30.000 Menschenleben.

03. Juni: Deutschland - 1998: Eisenbahnunfall von Eschede: Der ICE Wilhelm Conrad Röntgen entgleist aufgrund eines defekten Radreifens bei Eschede, wodurch 101 Menschen sterben.

04. Juni: Australien - 1629: Das Segelschiff Batavia der Niederländischen Ostindien-Kompanie läuft auf ein Riff des Houtman-Abrolhos-Archipels vor der Westküste Australiens. Etwa zwanzig Menschen sterben, die meisten Besatzungsmitglieder und Passagiere können sich auf kleine Inseln retten. In der Folge werden 125 Menschen unter der einsetzenden Terrorherrschaft des Jeronimus Cornelisz und seiner Spießgesellen getötet.

05.	Juni:	USA - 1976: Der Bruch des Teton-Staudamms kostet 11 Menschen und 13.000 Nutztieren das Leben. Der bei der Überflutung der Region angerichtete Schaden wird auf eine Milliarde US-Dollar beziffert.

06.	Juni:	Indien - 1882: In Bombay sterben über 100.000 Menschen, als ein tropischer Wirbelsturm über dem Arabischen Meer riesige Wellen in das Hafenbecken drückt.

07.	Juni:	Jamaika - 1692: Port Royal (Jamaika) wird von einem Erdbeben erschüttert: 1600 Menschen werden getötet, 3000 schwer verletzt.

08.	Juni:	Island - 1783: Der Vulkan Laki auf Island bricht aus. Infolge des Ausbruchs, aber vor allem aufgrund der folgenden gravierenden Klimaveränderungen und einer Hungersnot sterben etwa 10.000 Menschen, ca. ein Fünftel der isländischen Bevölkerung.

09. Juni: USA - 1972: Der Canyon-Lake-Dammbruch in South Dakota, USA, verursacht eine Flutwelle, durch die bis zu 238 Menschen ums Leben kommen.

10. Juni: China - 1786: Ein nach einem Erdrutsch durch das Erdbeben im Süden von Kangding zehn Tage vorher entstandener natürlicher Damm, der den Fluss Dadu He staut, bricht. Etwa 100.000 Menschen sterben durch die Flutwelle, die über 1400 Kilometer hinweg das Land verwüstet.

11. Juni: Venezuela - 1641: Caracas wird von einem Erdbeben in Mitleidenschaft gezogen, das etwa 200 Tote verursacht. Es ist das erste bekannte Ereignis dieser Art seit Gründung der Stadt.

12. Juni: Deutschland - 1897: Friedrich Hermann Wölfert stürzte zusammen mit seinem Mechaniker Knabe bei einer Vorführung brennend ab.

13. Juni: USA - 1858: Bis zu 250 Passagiere kommen ums Leben, als auf dem Mississippi River in der Nähe von Memphis die Kessel des Raddampfers Pennsylvania explodieren und das Schiff abbrennt.

14. Juni: Schweiz - 1891: Beim Eisenbahnunfall von Münchenstein, der größten Eisenbahnkatastrophe der Schweiz, bricht die Eisenbahnbrücke der Jurabahn zusammen. 78 Personen kommen dabei ums Leben, 171 werden verletzt.

15. Juni: Japan - 1896: Ein schweres Erdbeben auf der japanischen Insel Hondo fordert etwa 27.000 Todesopfer.

16. Juni: Frankreich - 1896: Der britische Passagierdampfer Drummond Castle kollidiert vor der französischen Insel Ouessant in dichtem Nebel mit einem Riff und sinkt innerhalb weniger Minuten. Nur drei der 246 Passagiere und Besatzungsmitglieder überleben.

17. Juni: Deutschland - 1931: Am 17. Juni 1931 wurde Plettenberg von einer gigantischen Wirbelsturmkatastrophe heimgesucht. Es war bis zum heutigen Tage die wohl schwerste Naturkatastrophe, die Plettenberg jemals erlebt hat. Zwei Menschen starben, Dutzende wurden verletzt.

18. Juni: Japan - 1953: Eine C-124 der US Air Force verunglückt in Tokio. Alle 129 Personen sterben.

19. Juni: Deutschland - 1962: Beim Absturz einer Formation von 4 Maschinen vom Typ Lockheed F-104(Starfighter) über Nörvenich, kommen alle vier Piloten um.

20. Juni: Iran - 1994: Im iranischen Maschhad werden beim Bombenanschlag auf die Moschee mit dem Imam-Reza-Schrein 26 Menschen getötet und etwa 80 verletzt.

21. Juni: Argentinien - 1951: 21. Juni – Eine Douglas der Aerolineas Argentinas setzte bei der Landung am Flughafen Puerto Deseado, Argentinien, spät auf und sprang dreimal hoch. Daraufhin entschloss sich der Kapitän zum Durchstarten. Dabei streifte das Flugzeug einen Armeelastwagen auf der angrenzenden Straße;

zwei Soldaten wurden getötet. Die Maschine konnte sicher wieder gelandet werden, an Bord kam niemand ums Leben.

22. Juni: Philippinen - 2008: Die philippinische Fähre Princess of the Stars läuft während des Taifuns Fengshen auf Grund und sinkt. Etwa 800 Menschen sterben, nur 56 Passagiere überleben die Katastrophe.

23. Juni: Peru - 2001: Bei einem Erdbeben der Stärke 8,4 nahe der Küste von Peru kommen 138 Menschen ums Leben.

24. Juni: China - 2002: In der Volksrepublik China fordert eine Hochwasserkatastrophe in der Provinz Shanxi über 500 Tote.

25. Juni: Schweden - 1888: In Sundsvall bricht der bis dahin größte Stadtbrand Schwedens

aus. 400 Höfe werden zerstört und 9000 Einwohner obdachlos. Am selben Tag wütet ferner ein Großbrand in Umeå, der 2500 der rund 3000 Bewohner um ihr Zuhause bringt.

26. Juni: Hessen - 1719: Der Große Christenbrand bricht in Frankfurt am Main aus und vernichtet innerhalb von drei Tagen den Nordwesten der Reichsstadt mit etwa 400 Häusern.

27. Juni: UdssR - 1957: Ein Erdbeben unbekannter Stärke in Russland führt zu etwa 1200 Toten.

28. Juni: Atlantik -1904: Das dänische Passagierschiff Norge läuft auf die Untiefe Helen's Reef in der Nähe der Felsinsel Rockall im Nordatlantik und sinkt innerhalb von 20 Minuten. 625 Passagiere und Besatzungsmitglieder kommen ums Leben. Der

Untergang der Norge ist das bis dahin größte Schiffsunglück im Nordatlantik.

29. Juni: Südkorea - 1995: Beim Einsturz des Sampoong-Gebäudes in Seoul werden Hunderte Kunden des Kaufhauses in den Trümmern verschüttet. Die Bilanz der Katastrophe nach mehrtägigen Rettungsarbeiten lautet: 501 Tote, 937 Verletzte und sechs Vermisste.

30. Juni: Russland - 1908: In Sibirien geschieht das Tunguska-Ereignis, eine bis heute nicht völlig geklärte Explosion, deren Stärke heute auf das mehr als tausendfache der Hiroshima-Bombe geschätzt wird. Die Explosion ist vermutlich auf einen Meteoriteneinschlag zurückzuführen.

JULI

01. Juli: Sachsen - 1867: Beim Zusammenbruch des Schachtes im Steinkohlenbergwerk Neue Fundgrube in Lugau sterben 101 Bergleute.

02. Juli: Atlantik - 1816: Die französische Fregatte Méduse läuft aufgrund von Inkompetenz der Befehlshaber auf der Arguin-Sandbank vor Westafrika auf Grund. Von den rund 400 Personen an Bord kommen mehr als die Hälfte in den nächsten Wochen ums Leben, die meisten von ihnen auf einem notdürftig gezimmerten Floß, weil in den Beibooten nicht genügend Platz ist.

03. Juli: Spanien - 1970: Eine De Havilland DH.106 Comet der Dan-Air stürzt in der Sierra del Montseny südwestlich von Arbúcies ab. Alle 112 Personen an Bord sterben.

04. Juli: Atlantik - 1898: Der französische Passagierdampfer La Bourgogne wird an der Küste von Nova Scotia im Nebel von einem englischen Segelschiff gerammt und sinkt. Von den 730 Menschen an Bord überleben 165, darunter nur eine Frau.

05. Juli: Kanada - 1970: Auf dem Air-Canada-Flug 621 stürzt eine Douglas DC-8 nach mehreren Explosionen in den Tragflächentanks nahe Toronto ab. Alle 108 Insassen sterben.

06. Juli: DDR - 1967: Zugunglück von Langenweddingen: In Langenweddingen bei Magdeburg kollidiert ein Doppelstockzug der Deutschen Reichsbahn mit einem Tanklastwagen, wobei dieser explodiert und den Zug in Brand setzt. Unter den 94 Toten befinden sich 44 Kinder. Es ist das schwerste Eisenbahnunglück in der DDR sowie einer der

folgenschwersten Gefahrgutunfälle in Deutschland.

07. Juli: Deutschland - 1987: In Herborn rast ein Tanklastzug in eine Eisdiele und löst damit den Großbrand von Herborn aus. Sechs Menschen sterben in den Flammen.

08. Juli: Deutschland - 1927: In der Nacht zum 9. Juli kommt es auf Grund schwerer Regenfälle im Osterzgebirge in Sachsen zu Überflutungen, die rund 160 Menschen das Leben kosten.

09. Juli: Japan - 869: Das Jggan-Erdbeben löst an der japanischen Pazifikküste einen Tsunami aus, der vier Kilometer in das Inland vordringt und etwa 1000 Menschen tötet.

10. Juli: Österreich - 1916: In der österreichischen Stadt Wiener Neustadt richtet ein F4 Tornado schwere Verwüstungen an, wobei mehr als 30 Menschen sterben, rund 300 verletzt werden und unter anderem die Wiener Neustädter Lokomotivfabrik zerstört wird.

11. Juli: Spanien - 1978: Durch die Explosion eines mit Propylengas beladenen Tanklastzuges in Höhe des katalanischen Campingplatzes Los Alfaques bei Sant Carles sterben über 200 Menschen.

12. Juli: Indien - 1961: Auf Grund von strukturellem Versagen kommt es zu einem „Kaskadenbruch" der Talsperren bei Panshet und Khadakwasla im indischen Bundesstaat Maharashtra. Dabei wird die Altstadt von Pune überschwemmt, zwischen 1000 und 2000 Menschen kommen ums Leben.

13. Juli: China - 2000: In der chinesischen Provinz Shaanxi begräbt eine Schlammlawine ein ganzes Dorf. 120 Menschen sterben.

14. Juli: China - 2006: Der Tropische Sturm Bilis trifft in China aufs Festland und verursacht in der Provinz Hunan das schlimmste Hochwasser seit 100 Jahren.

15. Juli: Deutschland - 1949: Bei der Explosionskatastrophe in Prüm in der Eifel wird ein Großteil der Oberstadt zerstört. Bei dem Unglück werden zwölf Menschen getötet und 15 verletzt, 965 Personen werden obdachlos.

16. Juli: Österreich - 1669: In Salzburg kostet ein Felssturz des Mönchsbergs 230 Menschen das Leben.

17. Juli: USA - 1981: Das Hotel Hyatt Regency Crown Center in Kansas City (Missouri) wird Schauplatz einer Katastrophe. Bei einem Tanzwettbewerb stürzen zwei Verbindungsgänge voller Menschen in die dicht belebte Hotellobby herab. 114 Menschen sterben und über 200 werden verletzt. Ursache ist ein Baumangel.

18. Juli: Deutschland - 1909: Bei der durch den Sturz des Schrittmachers Werner Krüger ausgelösten Rennbahnkatastrophe von Berlin auf der Berliner Radrennbahn „Botanischer Garten" kommen neun Zuschauer ums Leben und über 40 Menschen werden schwer verletzt. Damit ist dieses Unglück das schlimmste, das in Deutschland jemals im Radsport geschehen ist.

19. Juli: Italien - 1985: Bei Téséro im Val di Stava (Stavatal) in Trentino in Südtirol, Italien bricht der Absetzdamm eines Bergwerks und

verursacht eine Flutwelle, die zwischen 200 und 361 Todesopfer fordert.

20. Juli: Island - 1783: In Island quellen nach dem Beginn am 8. Juni erneut Lavamassen aus den Laki-Kratern hervor. Der Pfarrer Jón Steingrímsson hält an diesem Tag seine berühmte Feuerpredigt. Diese soll bewirkt haben, dass die Lava den Ort Kirkjubæjarklaustur verschont.

21. Juli: Mittelmeer - 365: Vor Kreta kommt es zu einem schweren Erdbeben, das im östlichen Mittelmeer einen Tsunami auslöst. Mehrere Tausend Menschen sterben zusammengenommen allein im Nildelta und in Alexandria. Auf Kreta werden nahezu alle Städte beschädigt oder zerstört. So unter anderem Phalasarna, wo das Hafenbecken durch eine tektonische Hebung der Landmasse um sechs bis neun Meter trockenfällt.

22. Juli: Mitteleuropa - 1342: Beim Magdalenenhochwasser werden weite Teile Mitteleuropas durch die Flüsse Rhein, Main, Donau, Mosel, Moldau, Elbe, Weser, Werra und Unstrut überschwemmt. Es handelt sich vermutlich um das schlimmste Hochwasser des 2. Jahrtausends.

23. Juli: Italien - 1930: Ein Erdbeben der Stärke 6,7 in Italien verursacht 1.425 Tote.

24. Juli: Deutschland - 2010: Bei der Loveparade in Duisburg kommt es zu einer Massenpanik, in deren Folge 21 Menschen zu Tode kommen und mindestens 652 verletzt werden.

25. Juli: China - 1935: Bei einer Flutkatastrophe des Jangtsekiang in China sterben 200.000 Menschen.

26. Juli: Italien - 1805: Ein Mittelitalien von Neapel bis Campobasso heimsuchendes Erdbeben fordert nach Schätzungen über 26.000 Tote.

27. Juli: Mexiko - 1862: An der mexikanischen Küste kommen bei einem Brand an Bord des amerikanischen Raddampfers Golden Gate 204 der 338 Passagiere und Besatzungsmitglieder an Bord ums Leben. Das Schiff strandet und bricht auseinander.

28. Juli: Ostsee - 1566: Durch einen Sturm sinken zahlreiche Schiffe der vor Gotland liegenden dänisch-lübischen Flotte. Nach inoffiziellen Angaben finden dabei etwa 6.000 Seeleute und Soldaten den Tod.

29. Juli: Costa Rica - 1968: Der Vulkan Arenal in Costa Rica zerstört bei seinem letzten großen Ausbruch die Ortschaften Pueblo Nuevo und

Tabacon. Dabei kommen etwa 80 Menschen ums Leben.

30. Juli: USA - 1865: Bei stürmischer See prallt der Raddampfer Brother Jonathan vor Crescent City an der kalifornischen Küste auf einen bis dahin nicht verzeichneten Unterwasserfelsen und sinkt. 225 Passagiere und Besatzungsmitglieder ertrinken.

31. Juli: Atlantik - 1715: Eine aus elf Schiffen bestehende Silberflotte auf dem Weg von Havanna nach Spanien sinkt in einem Hurrikan vor der Ostküste Floridas; fast die gesamte Flotte mit enormen Werten an Bord geht verloren, weit über 1.000 Menschen sterben.

AUGUST

01. August: Österreich - 1976: In Wien stürzt – kurz vor ihrem hundertsten Geburtstag – die Reichsbrücke ein. Dabei wird ein Mensch getötet.

02. August: Sachsen - 1869: Bei einer Schlagwetterexplosion im Segen-Gottes- und Neuhoffnungschacht der Freiherrlich von Burgker Steinkohlen- und Eisenhüttenwerke im heutigen sächsischen Freital sterben 276 Menschen.

03. August: Japan - 1783: Ein schwerer Ausbruch des Vulkans Asama in Japan kostet 1.000 Menschen das Leben. Der in die Atmosphäre aufsteigende Ascheregen hat einen harten Winter zur Folge und verursacht in Nordjapan Missernten.

04. August: Australien - 1845: Bei der Strandung des britischen Auswandererschiffs Cataraqui an der tasmanischen Insel King Island, der schlimmsten Schiffskatastrophe in der Geschichte Australiens, sterben 399 Passagiere und Besatzungsmitglieder. Nur neun Überlebende können sich retten.

05. August: Ecuador - 1949: Bei einem Erdbeben der Stärke 6,8 in Ambato, Ecuador werden 50 Ortschaften zerstört und 6000 Menschen getötet.

06. August: Guam - 1997: Eine Boeing 747-300 der Korean Air stürzt beim Landeanflug auf Guam ab. 228 der 254 Insassen werden getötet.

07. August: USA - 1978: Als Folge eines der ersten großen Giftmüllskandale erklärt US-Präsident Jimmy Carter den Ortsteil Love Canal

in Niagara Falls, New York, zum Katastrophengebiet.

08. August: China - 1975: In der Volksrepublik China brechen 62 Staudämme, einschließlich des Banqiao-Staudammes. 231.000 Menschen sterben. Es handelt sich um die schwerste Talsperren-Katastrophe der Geschichte.

09. August: Taiwan - 2009: Durch eine Flut- und Schlammwelle kommen im Dorf Xiaolin der Landgemeinde Jiaxian (Taiwan) 400 Menschen ums Leben bzw. bleiben vermisst. Das Unglück war durch einen Erdrutsch nach massiven Regenfällen infolge des Taifuns Morakot verursacht worden.

10. August: Schweden - 1628: Das Kriegsschiff Vasa, Prestigeprojekt von Gustav II. Adolf von Schweden, sinkt bereits bei der

Jungfernfahrt im Hafen. Dabei kommen 30 bis 50 Menschen ums Leben.

11. August: Rostock - 1677: Beim Rostocker Stadtbrand wird ein Drittel der Häuser in Rostock zerstört. Das 30 Stunden währende Wüten des Feuers verstärkt den wirtschaftlichen Niedergang und hat besonders für das Brauwesen der Stadt nachteilige Folgen.

12. August: Japan - 1985: Japan-Air-Lines-Flug 123, eine Boeing 747 auf dem Weg von Tokio nach Osaka, prallt gegen den Berg Takamagahara. Von den 524 Personen an Bord überleben nur vier das Unglück; es ist der nach Opferzahlen schwerste Flugunfall der Geschichte mit nur einem Flugzeug.

13. August: Italien - 1935: Die Staumauer Alla Sella Zerbino bei Ovada in den Ligurischen Apenninen, Italien, bricht bei einem

Hochwasser. Die Flutwelle richtet in Molare und Ovada großen Schaden an; es gibt 100 oder mehr Tote.

14. August: DDR - 1972: Eine IL-62 der DDR-Fluggesellschaft Interflug stürzt kurz nach dem Start in Berlin-Schönefeld bei Königs Wusterhausen ab. Bei der Flugzeugkatastrophe von Königs Wusterhausen kommen alle 156 Menschen an Bord ums Leben.

15. August: Peru - 2007: Bei einem Erdbeben der Stärke 8,0 auf der Richterskala vor der Küste von Peru sterben mindestens 450 Menschen. Etwa 1.500 weitere werden verletzt.

16. August: Chile - 1906: Ein Erdbeben der Stärke 8,2 erschüttert die chilenische Stadt Valparaíso und fordert ca. 20.000 Tote.

17. August: USA - 1969: Der Hurricane Camille trifft auf die Küsten der US-Bundesstaaten Alabama, Mississippi und Louisiana, verwüstet einen großen Teil der Golfküste und tötet 143 Menschen.

18. August: Griechenland - 1917: Der Großbrand in Thessaloniki beginnt. Erst am Folgetag können die Flammen endgültig gelöscht werden. 32 Prozent der Stadt werden zerstört, etwa 70 Prozent der Arbeitsplätze durch das Feuer vernichtet. Tausende Menschen werden obdachlos.

19. August: Deutschland - 1935: Großbrand auf der internationalen Funkausstellung auf dem Berliner Messegelände. Hierbei brennt auch das Restaurant des Berliner Funkturms aus. Da der Brand erst nach Schließung der Messehallen ausbricht, gibt es nur drei Todesopfer.

20. August: Australien - 1857: Am Eingang zum Hafen von Sydney zerschellt der britische Klipper Dunbar bei heftigen Winden und starkem Regenfall am felsigen Ufer. Von den 122 Menschen an Bord überlebt nur einer.

21. August: Kamerun - 1986: Die plötzliche Freisetzung von etwa 1,6 Millionen Tonnen Kohlendioxid aus dem Nyos-See in Kamerun führt zum Erstickungstod von etwa 1.700 Menschen in den umliegenden Siedlungen.

22. August: Indien - 2003: Im Weltraumbahnhof Alcântara ereignet sich die Brasilianische Raketenexplosion, ausgelöst durch ein unerwartet zündendes Triebwerk einer VLS-1-Rakete. 21 Menschen kommen ums Leben, der Raketenstarttisch und die Montagestruktur werden zerstört.

23. August: China - 1976: Bei einem Erdbeben in China werden mehrere tausend Menschen getötet.

24. August: Römisches Reich - 79: Bei einem Ausbruch des Vesuv werden die römischen Städte Pompeji, Herculaneum und Stabiae verschüttet. Durch den Bericht des römischen Schriftstellers Plinius der Jüngere, dessen Onkel Plinius der Ältere bei dem Vulkanausbruch ums Leben kommt, handelt es sich um die erste detailliert dokumentierte Naturkatastrophe.

25. August: England - 1861: Bei einem Eisenbahnunfall im Clayton-Tunnel sterben 23 Menschen, 176 weitere werden verletzt. Es handelt sich um den zu diesem Zeitpunkt schwersten Eisenbahnunfall in der britischen Geschichte.

26. August: Preussen - 1787: Ein Großbrand vernichtet die Stadt Neuruppin.

27. August: China - 1993: Beim Bruch des Gouhou-Dammes im Kreis Gonghe der chinesischen Provinz Qinghai reißt die Flutwelle mindestens 240 Menschen in den Tod und macht etwa 3.000 Chinesen obdachlos.

28. August: Mexiko - 1973: Bei einem schweren Erdbeben in den mexikanischen Staaten Puebla, Veracruz und Oaxaca sterben etwa 1200 Menschen.

29. August: England - 1782: Das britische Linienschiff Royal George kentert und sinkt, während es im Solent vor Anker liegt. Zwischen 800 und 950 Menschen ertrinken, darunter Vizeadmiral Richard Kempenfelt und eine große Anzahl von Kindern und Frauen. Der Untergang ist bis heute das schwerste Schiffsunglück zu

Friedenszeiten in der Geschichte der Royal Navy.

30. August: Südafrika - 1881: Der britische Passagierdampfer RMS Teuton rammt bei Danger Point an der Küste der südafrikanischen Kapkolonie ein Riff und sinkt während des Versuchs, die Hafenstadt Simon's Town zu erreichen. Von den 272 Passagieren und Besatzungsmitgliedern überleben nur 36.

31. August: UdssR - 1986: Im Schwarzen Meer kollidiert das sowjetische Kreuzfahrtschiff Admiral Nachimow mit einem Frachter. 423 Passagiere und Besatzungsmitglieder sterben beim wenige Minuten dauernden Schiffsuntergang in der Nähe von Noworossijsk.

SEPTEMBER

01. September: Japan - 1923: Das Große Kant--Erdbeben der Stärke 7,9 in der Kant--Ebene auf der japanischen Hauptinsel Honsh zerstört die Hafenstadt Yokohama und große Bereiche des benachbarten Tokio. Rund 143.000 Menschen kommen ums Leben.

02. September: Schweiz - 1806: Beim Goldauer Bergsturz wird das Schweizer Dorf Goldau zerstört. 457 Menschen kommen ums Leben.

03. September: Deutschland - 1882: Beim Zugunglück von Hugstetten kommen 64 Menschen ums Leben, 230 werden schwer verletzt. Es geht als das bis dahin schwerste und folgenreichste Eisenbahnunglück in Deutschland in die Geschichte ein.

04. September: Lombardei - 1618: Im unteren Bergell ereignet sich ein Bergsturz am Berg Conto, welcher den Ort Piuro (Plurs) größtenteils und das Dorf Chilano (Schilan) ganz unter Felstrümmern begräbt. Etwa 2.430 Menschen werden dabei getötet.

05. September: Österreich - 2005: Bei einem Seilbahnunglück im Gletscherskigebiet von Sölden in Tirol kommen neun deutsche Touristen ums Leben. Ein Transporthubschrauber verliert während eines Flugs zur Bergstation einen Betonkübel, der eine Gondel trifft und mit in die Tiefe reißt.

06. September: Guadeloupe - 1776: Guadeloupe wird von einem tropischen Wirbelsturm stark getroffen. Etwa 6.000 Menschen sterben bei diesem Hurrikan.

07. September: Finnland - 1929: Auf dem Binnensee Näsijärvi kentert der finnische Passagierdampfer Kuru bei Windstärke 8 auf der Beaufortskala, 136 Menschen sterben.

08. September: USA - 1860: Auf dem Michigansee sinkt der Raddampfer Lady Elgin nach der Kollision mit einem Schoner. Über 400 Menschen kommen durch das bis heute schwerste Schiffsunglück auf den Großen Seen ums Leben.

09. September: Kanada - 1775: Der Freiheitshurrikan trifft auf die Ostküste von Neufundland. Beim schlimmsten Hurrikan in der Geschichte Kanadas kommen mehr als 4000 Menschen ums Leben.

10. September: Japan - 1943: Ein Erdbeben der Stärke 7,4 in Tottori, Japan, führt zu 1.190 Todesopfern.

11. September: Schweiz - 1881: Am Tschingelberg im Schweizer Kanton Glarus brechen in Folge unsachgemäßes Schieferabbaus etwa 10 Mio. m³ Gestein ab und verschütten einen Teil des Dorfes Elm; beim Bergsturz sterben 114 Menschen, 83 Gebäude werden zerstört.

12. September: USA - 1857: Ein Hurrikan verursacht den Untergang des US-Passagierschiffs Central America auf der Fahrt von Havanna nach New York. 149 Personen können von zwei Schiffen gerettet werden, 429 Menschen finden den Tod. Es gehen mit der Ladung über 13 Tonnen Goldfracht aus Kalifornien unter, was 1987 zu einer Bergungsaktion führen wird.

13. September: Bayern - 1813: In München stürzt die Isarbrücke durch ein Hochwasser der

Isar ein und reißt dabei über 100 Schaulustige mit in den Tod.

14. September: Nordamerika - 1988: Hurricane Gilbert trifft mit Windspitzen von 295 km/h, dem dritthöchsten je gemessenen Wert auf Mexiko, wo er über 200 Menschenleben fordert. Auch in den angrenzenden mittelamerikanischen Ländern und den USA sind Tote zu beklagen.

15. September: USA - 1875: Die Stadt Indianola in Texas wird von einem Hurrikan verwüstet. Zwischen 150 und 300 Menschen kommen ums Leben.

16. September: Britische Inseln - 1961: Ausläufer des Hurrikans Debbie ziehen über die Britischen Inseln hinweg und richten dabei schwere Schäden an; in Irland sterben 11

Menschen. In Malin Head werden 181,5 km/h Windgeschwindigkeit gemessen.

17. September: USA - 1928: Durch den Okeechobee-Hurrikan bricht der Deich des Okeechobeesees. Durch die folgende Flut kommen über 2.500 Menschen ums Leben.

18. September: Hongkong - 1906: Hongkong wird von einem Taifun mit anschließender Flutwelle heimgesucht, was etwa 10.000 Menschen das Leben kostet.

19. September: Rom - 1450: Durch das Scheuen einiger Pferde und Maultiere, durch das unaufhörliche Nachrücken der Menschenmassen und die Rücksichtslosigkeit einer Reihe von Händlern kommt es auf der Engelsbrücke in Rom zu insgesamt 172 Toten. Papst Nikolaus V. lässt daraufhin alle Stände und Buden von der Brücke beseitigen und

befiehlt, dass ein ungehinderter Durchgang gewährleistet sein müsse.

20. September: Nordatlantik - 1908: Vor Coronation Island an der Nordwestküste der Prince-of-Wales-Insel kollidiert die Bark Star of Bengal mit Felsen und sinkt. 110 Passagiere und Besatzungsmitglieder sterben.

21. September: Deutschland - 1921: Durch die Explosion des Oppauer Stickstoffwerkes (Teil des BASF-Werks in Ludwigshafen-Oppau) werden 561 Menschen getötet, über 2000 verletzt und 900 von 1000 Wohnungen zerstört.

22. September: Bremen - 1739: Einem Blitzeinschlag in einen der Bremer Pulvertürme folgt eine gewaltige Detonation, die eine Feuersbrunst in Bremen auslöst. Ihr fallen etwa

ein Sechstel der Stadt und 32 Menschen zum Opfer.

23. September: Baden-Würtemberg - 1726: In Reutlingen bricht ein Feuer aus. Der Brand wütet bis zum 25. September und zerstört 80 % der Stadt. Rund 1.200 Familien werden obdachlos, doch sind fast keine Toten zu beklagen.

24. September: Hessen - 1778: Beim zweiten Höchster Stadtbrand wird die Altstadt der Stadt Höchst am Main neuerlich schwer beschädigt. Der Sachschaden beläuft sich auf 26.712 Gulden nach damaliger Währung.

25. September: Frankreich - 1911: Der französische Panzerkreuzer Liberté explodiert im Hafen von Toulon. Insgesamt kommen 204 Menschen ums Leben, davon 143

Besatzungsmitglieder der Liberté. 185 Personen werden verletzt

26. September: Senegal - 2002: Beim Untergang der senegalesischen Fähre Le Joola sterben 1.863 Menschen. Nur 60 Überlebende können nach dem Kentern des total überladenen Schiffs gerettet werden.

27. September: Atlantik - 1854: Der amerikanische Passagierdampfer Arctic kollidiert bei Cape Race vor Neufundland mit dem französischen Dampfer Vesta und sinkt während des vergeblichen Versuchs, die Küste zu erreichen. Etwa 350 Menschen sterben, darunter alle Frauen und Kinder an Bord.

28. September: Ostsee - 1994: Die estnische Fähre Estonia sinkt vor der Küste Finnlands auf der Überfahrt nach Stockholm, nachdem die

Bugklappe auf hoher See aufgebrochen ist. Bei dem Unglück sterben 852 Menschen.

29. September: Pazifik - 2009: Ein schweres Erdbeben im Pazifik mit der Momenten-Magnitude von 8,0 Mw führt zu einem Tsunami auf den Samoainseln, der in Samoa und Amerikanisch-Samoa über 100 Menschenleben fordert.

30. September: Schweiz - 1512: Ein Bergsturz des Monte Crenone im Tessiner Valle di Blenio (Bleniotal, Schweiz) kostet einigen hundert Menschen das Leben. Sie werden unter Gesteinsmassen im Nordteil des Ortes Biasca begraben.

01.   Oktober: Türkei - 1995: Bei einem Erdbeben bei Dinar in der Türkei sterben etwa 100 Menschen.

02.   Oktober: Indien - 1746: Beim Untergang der französischen Kriegsschiffe Duc d'Orléans, Phénix und Lys in einem Wirbelsturm bei Madras (Indien) sterben etwa 1.200 Besatzungsmitglieder.

03.   Oktober: USA - 1866: Der amerikanische Passagierdampfer Evening Star sinkt 180 Seemeilen östlich von Tybee Island in einen schweren Orkan. 262 Passagiere und Besatzungsmitglieder sterben.

04. Oktober: Ärmelkanal - 1744: Das britische Segelschiff Victory wird von anderen Schiffen

seines Flottenverbandes zum letzten Mal vor den Kanalinseln gesichtet. In der Nacht geht es mit der 1.150 Mann starken Besatzung in einem Sturm unter.

05. Oktober: Indien - 1864: Die indische Stadt Kalkutta, das heutige Kolkata, wird durch einen Wirbelsturm nahezu total zerstört, der etwa 60.000 Menschen das Leben kostet.

06. Oktober: Turkmenistan - 1948: Bei einem Erdbeben der Stärke 7,3 in Aschgabat, Turkmenistan, sterben ca. 110.000 Menschen.

07. Oktober: Norddeutschland - 1756: Die Markusflut an der Nordsee verursacht im Bereich der Elbe etwa 600 Tote.

08. Oktober: USA - 1871: Peshtigo im US-Bundesstaat Wisconsin wird mit mehreren

umliegenden Dörfern ein Raub der Flammen. Der Waldbrand mit den meisten Todesopfern in der US-Geschichte fordert mindestens 1.200 Menschenleben und zerstört eine Fläche von etwa 6.000 km².

09. Oktober: Niederlande - 1799: Das Schiff Lutine strandet während eines starken Nordweststurms auf einer Sandbank bei Terschelling. 240 Seeleute lassen beim Untergang ihr Leben, nur einer kann sich retten. Eine Fracht aus geladenem Gold und Silber im damaligen Wert von 1,2 Millionen Pfund versinkt im Meer.

10. Oktober: Spanien - 1683: Nach Ausbruch eines Feuers kostet die Explosion der mit Munition beladenen Fregatte Wapen von Hamburg im spanischen Hafen Cádiz 65 Personen das Leben.

11. Oktober: Norddeutschland - 1634: Die größte Insel des Wattenmeeres, Strand, geht in der Nacht zum 12. Oktober in einem Orkan bzw. der nachfolgenden Sturmflut unter. Die sogenannte Burchardiflut fordert etwa 10.000 Menschenleben, wobei von den 8.600 Bewohnern von Alt-Nordstrand ungefähr 6.400 ums Leben kommen. Geschätzte 50.000 Stück Vieh sterben. Die Naturkatastrophe schafft den heutigen Küstenverlauf.

12. Oktober: Niederlande - 1654: Bei der hinterher als Delfter Donnerschlag bekannt gewordenen Explosion eines Pulverlagers im niederländischen Delft sterben bis zu 1.200 Menschen und werden Tausende verletzt. Die Stadt wird verwüstet, etwa 500 Häuser werden schwer in Mitleidenschaft gezogen.

13. Oktober: Atlantik - 1898: Das britische Passagierschiff Mohegan rammt vor der Küste von Cornwall ein Riff und sinkt innerhalb von zwölf Minuten. 106 Menschen sterben. Es

handelt sich um das größte Unglück in der Geschichte der Atlantic Transport Line.

14. Oktober: Wales - 1913: In Wales ereignet sich das bislang schwerste Grubenunglück in Großbritannien. Bei der Explosion in der Zeche Universal in Senghenydd sterben 439 Bergleute. Vermutlich kommt es erst zu einer Methangasexplosion, der unmittelbar eine Kohlenstaubexplosion folgt.

15. Oktober: Deutschland - 1944: In den frühen Morgenstunden führt die No. 5 Bomber Group der Royal Air Force im Luftkrieg im Zweiten Weltkrieg einen schweren Bombenangriff auf Braunschweig. Die Innenstadt Braunschweigs wird durch den Angriff und den darauf folgenden zweitägigen Feuersturm zu 90 % zerstört, rund 1.000 Menschen kommen ums Leben.

16. Oktober: Karibik - 1780: Der Große Hurrikan von 1780 kostet über 22.000 Menschen das Leben und wird daher als der bisher schlimmste atlantische Hurrikan betrachtet.

17. Oktober: USA - 1989: Das Loma-Prieta-Erdbeben in der Bucht von San Francisco, mit einer Stärke von 7,1 auf der Magnitudenskala das stärkste Erdbeben in der Region seit dem Großen Beben von 1906 richtet schwere Schäden in San Francisco und Oakland an.

18. Oktober: Schweiz - 1356: Eine Serie von gewaltigen Erdstößen und darauf folgende Brände zerstören die Stadt Basel weitestgehend.

19. Oktober: Deutschland - 1990: In der Münchberger Senke der BAB 9 bei Münchberg ereignet sich einer der schlimmsten

Verkehrsunfälle Deutschlands. Plötzlich auftretender Nebel führt zur Massenkollision von 121 Fahrzeugen, was 10 Tote und 122 Verletzte fordert. Der Unfall führt zum Bau einer Talbrücke.

20. Oktober: UdssR - 1982: 66 Fußballfans sterben im Olympiastadion Luschniki in Moskau bei einer Massenpanik nach dem UEFA-Pokal-Spiel Spartak Moskau gegen HFC Haarlem.

21. Oktober: Norwegen - 1962: Beim Untergang des norwegischen Postschiffes Sanct Svithun sterben 41 Menschen. Es handelt sich um das schwerste Unglück auf der norwegischen Postschiffsroute Hurtigruten zu Friedenszeiten.

22. Oktober: Atlantik - 1707: Bei der Strandung von vier Schiffen eines Geschwaders der Royal Navy unter Admiral Sir Cloudesley

Shovell auf den Scilly-Inseln wegen Navigationsfehlern kommen über 1600 Menschen ums Leben, nur 26 überleben.

23. Oktober: Japan - 2004: Beim schwersten Erdbeben seit über 70 Jahren mit der Stärke 6,8 auf der Richterskala sterben in Niigata, Japan, über 20 Menschen, etwa 1500 werden verletzt.

24. Oktober: UdssR - 1960: Bei der Erprobung einer militärischen Interkontinentalrakete vom Typ R-16 auf dem sowjetischen Raketenzentrum Baikonur kommt es zur Nedelin-Katastrophe, bei der mindestens 126 Menschen ums Leben kommen.

25. Oktober: Atlantik - 1927: Der italienische Luxusdampfer Principessa Mafalda verliert vor Porto Seguro (Brasilien) ein Gehäuseteil der Steuerbordwelle und geht unter, 312 Menschen kommen ums Leben.

26. Oktober: Wales - 1859: Der britische Klipper Royal Charter gerät vor Anglesey in einen schweren Sturm. Das Schiff wird gegen die Felsen geschleudert, bricht auseinander und sinkt. 449 Personen sterben, darunter alle Frauen und Kinder an Bord. Der Untergang der Royal Charter ist bis heute das schwerste Schiffsunglück an der Küste von Wales.

27. Oktober: Atlantik - 1892: Der britische Passagierdampfer Roumania prallt vor Peniche an der portugiesischen Küste bei Sturm und Nebel auf das felsige Ufer und geht unter, 113 Menschen sterben.

28. Oktober: Südamerika - 1746: Bei einem Erdbeben der Stärke 8,4 im Gebiet Limas in Peru kommen rund 18.000 Menschen ums Leben. Die Hafenstadt Callao wird durch den anschließenden Tsunami praktisch ausgelöscht.

29. Oktober: UdssR - 1955: Das sowjetische Schlachtschiff Noworossijsk wird im Hafen von Sewastopol von einer Explosion erschüttert, die vermutlich auf eine Seemine aus dem Zweiten Weltkrieg zurückzuführen ist, und sinkt. Auf Grund einer Fehleinschätzung des Vizeadmirals kommen bei der Katastrophe 608 Matrosen ums Leben.

30. Oktober: Honduras - 1998: In Honduras fordert der Hurrikan Mitch ca. 5.500 Tote.

31. Oktober: Schweden - 1878: In Stockholm kommt es zu einem Großbrand in der Schrotmühle Eldkvarn im Stadtteil Kungsholmen. Die Zerstörung durch das Feuer schafft Platz für den 1911 beginnenden Bau des Rathauses Stockholms stadshus an diesem Ort.

01. November: Norddeutschland - 1570: Eine Sturmflut zu Allerheiligen überschwemmt die Nordseeküste von Flandern bis nach Nordwestdeutschland. Etwa 20.000 Menschen kommen zu Tode.

02. November: Mitteleuropa - 1570: Nach dem Hereinbrechen der Allerheiligenflut in den Niederlanden am Vortag setzt sich das Desaster fort. Bei einem Orkan an der Nordseeküste brechen die Deiche von Holland bis Jütland. In den Wassermassen sollen mehr als 20.000 Küstenbewohner ums Leben gekommen sein.

03. November: Spanien - 1893: Im Hafen von Santander explodiert der Frachter Cabo Machichaco, der auch Dynamit geladen hat, nach einem an Bord ausgebrochenen Brand.

Die Explosion löst ein Erdbeben aus, welches noch in acht Kilometer Entfernung erfasst werden kann. 590 Menschen sterben, 525 werden verletzt.

04. November: Pazifik - 1875: Der Raddampfer Pacific kollidiert südwestlich von Cape Flattery an der Küste des US-Bundesstaats Washington mit dem Segelschiff Orpheus und sinkt. 273 Passagiere und Besatzungsmitglieder sterben, darunter alle Frauen und Kinder.

05. November: Niederlande - 1530: Bei der Sankt-Felix-Flut an der Niederländischen Nordseeküste im Westerschelde-Stromgebiet kommen mehr als 100.000 Menschen ums Leben. Sie überspült die gesamte Insel Noord-Beveland. Das Gebiet östlich von Yerseke mit 18 Dörfern und der Stadt Reimerswaal wird ebenfalls vollständig überflutet.

06. November: Mittelmeer - 1664: Das französische dreimastige Linienschiff La Lune sank in Sichtweite der französischen Küste bei Toulon vor den Îles d'Hyères. Von den 1.200 Menschen an Bord (350 Mann Besatzung, viele Verwundete und Kranke und 10 Kompanien des Regiments de Picardie) überlebten nur etwa 100 Mann.

07. November: Ostsee - 1915: In der Ostsee, irgendwo auf der Route von Kiel nach Danzig, sank während eines Überführungsmarsches ein kleines deutsche Torpedoboot. Die Verlustursache und der genaue Untergangsort sind nicht bekannt. Vermutlich geriet das Torpedoboot vor der Küste von Pommern am 7. November in ein Minenfeld und sank. Mit dem Boot ging die gesamte Besatzung von 26 Mann unter.

08. November: Wales - 1867: Im walisischen Steinkohlenbergwerk Ferndale Colliery

ereignen sich zwei Explosionen, die den Tod von 178 Männern und Jungen zur Folge haben.

09. November: USA - 1913: Die als Great Lakes Storm of 1913 bezeichnete folgenschwerste Naturkatastrophe im Gebiet der Großen Seen erreicht ihre intensivste Phase. Ein Blizzard mit hohen Windgeschwindigkeiten richtet schwere Schäden an, verursacht mehrere Schiffsuntergänge und kostet eine Vielzahl von Menschenleben.

10. November: Spanien - 1890: Das britische Royal Navy-Schiff HMS Serpent strandet in der Nähe des spanischen Cabo Vilán und geht in stürmischer See unter. 172 Seeleute sterben bei dieser Katastrophe, drei können sich an Land retten.

11. November: Österreich - 2000: Bei einer Brandkatastrophe im Tunnel der Gletscherbahn Kaprun 2 zum Kitzsteinhorn in Kaprun im Land Salzburg sterben 155 Menschen, darunter auch viele Kinder und Jugendliche.

12. November: Deutschland - 1908: Bei einer Schlagwetter-Explosion in der Zeche Radbod in Hamm, Westfalen, sterben 348 Bergleute.

13. November: Norddeutschland - 1872: Die Ostsee wird, soweit bekannt, von der bisher schwersten Ostseesturmflut heimgesucht. Meterhohe Wellen überraschen am Morgen die schlafenden Küstenbewohner. 271 Menschen verlieren ihr Leben, über 15.000 werden obdachlos.

14. November: Nordsee - 1861: Die Korvette SMS Amazone der preußischen Marine geht

mit ihrer gesamten Besatzung in einem Orkan vor der niederländischen Küste unter.

15. November: Böhmen - 1960: Bei Pardubitz in Böhmen kommen beim schwersten Zugunglück in der Tschechoslowakei 110 Menschen ums Leben.

16. November: Deutschland - 1937: Flugunfall von Ostende – Aus Frankfurt am Main kommend, streifte bei einer außerplanmäßigen Landung nahe Ostende ein Passagierflugzeug der Sabena des Typs Junkers Ju 52/3m einen Fabrikschornstein. Beim Absturz kamen alle elf Insassen ums Leben, darunter fast die gesamte Familie des früheren Erbgroßherzogs Georg Donatus von Hessen und bei Rhein sowie der deutsche Segelflugpionier Arthur Martens.

17. November: Atlantik - 1874: Bei dem durch ein Feuer an Bord ausgelösten Untergang des britischen Segelschiffs Cospatrick im Südatlantik sterben 467 Menschen. Fünf Überlebende, von denen zwei nach der Rettung sterben, werden nach zehn Tagen gerettet, nachdem sie sich durch Kannibalismus am Leben erhalten haben.

18. November: Niederlande - 1421: Die Elisabethflut richtet große Schäden in der Gegend um Dordrecht und Rotterdam an. Tausende von Menschen — die Schätzungen reichen bis 10.000 — ertrinken. Das Naturgebiet Biesbosch entsteht durch die Flut.

19. November: Belgien - 1918: Während des Rückzugs des deutschen Heeres nach dem Waffenstillstand von Compiègne explodiert im belgisch-niederländischen Grenzbahnhof Hamont ein Munitionstransportzug. Über 1000 Menschen kommen dabei ums Leben.

20. November: Mazedonien - 1993: Mazedonien: Eine Jakowlew Jak-42 der Avioimpex auf dem Flug von Genf nach Skopje wird wegen schlechten Wetters nach Ohrid umgeleitet, wo sie gegen einen Berg prallt. Nur einer der 116 Insassen überlebt.

21. November: Ägäis - 1916: Das britische Lazarettschiff HMHS Britannic, ein Schwesterschiff der Titanic, sinkt im Ersten Weltkrieg, vermutlich aufgrund einer Minenexplosion. Das Unglück fordert 30 Tote und 40 Verletzte; die meisten davon in vorschnell zu Wasser gelassenen Rettungsbooten, die von den noch laufenden Propellern des Schiffes zerschlagen werden.

22. November: Norddeutschland - 1412: Bei der Cäcilienflut im Bereich der Unterelbe kommen bis zu 30.000 Menschen ums Leben.

23. November: Italien - 1980: Das Irpinia-Erdbeben in der italienischen Region Irpinia fordert mindestens 2.916 Menschenleben. Das Epizentrum liegt bei Neapel und richtet auch in den Ruinenstädten Pompeji und Herculaneum große Schäden an.

24. November: Savoyen - 1248: Im Chartreuse-Massiv in Savoyen ereignet sich am Mont Granier in der Nacht zum 25. November ein Bergsturz, der mehrere Orte im Weinbaugebiet Savoie unter 150 Millionen Kubikmeter Geröll verschüttet und den Tod von geschätzt bis zu 5.000 Menschen verursacht.

25. November: Atlantik - 1120: Beim Untergang der White Ship stirbt Englands Kronprinz William Ætheling, Sohn Heinrichs I. von England. Die Schiffskollision mit einem Riff an der Normandieküste bei Barfleur kostet

außer ihn fast dreihundert Menschen das Leben.

26. November: Atlantik - 1898: In einem schweren Sturm, der die Küste von Neuengland heimsucht und mehr als 450 Menschenleben fordert, sinkt vor Cape Ann der amerikanische Passagierdampfer Portland. Alle 192 Menschen an Bord kommen ums Leben.

27. November: Spanien - 1983: Auf dem Avianca-Flug 011 unterschreitet eine Boeing 747 die Sicherheitsflughöhe und verunglückt vor der Landung in Madrid, Spanien. Von den 192 Insassen kommen 181 ums Leben.

28. November: Antarktis - 1979: Eine neuseeländische McDonnell Douglas DC-10 der Air-New-Zealand auf einem Rundflug über die Antarktis prallt gegen den Mount Erebus. Alle 257 Menschen an Bord sterben. Damit endet

die Ära der kommerziellen Touristenflüge über den Kontinent.

29. November: Antiochia - 528: Ein Erdbeben bei Antiochia am Orontes und Seleukia Pieria verursacht 4.870 Tote.

30. November: Philippinen - 2006: Bei einer durch den Taifun Durian ausgelösten Schlammlawine des Vulkans Mayon auf den Philippinen kommen über 300 Menschen ums Leben.

DEZEMBER

01. Dezember: Italien - 1923: Die Gleno-Talsperre im Valle di Scalve in Bergamo, Italien bricht. Bei der Katastrophe sterben bis zu 600 Menschen.

02. Dezember: Atlantik - 1879: Auf dem Nordatlantik geht das britische Passagierschiff Borussia unter, nachdem ein Sturm ein Leck im Rumpf verursacht hat. 169 Menschen sterben.

03. Dezember: Indien - 1984: In einer Pestizidfabrik der US-amerikanischen Union Carbide im indischen Bhopal kommt es in der Nacht vom 2. Dezember zu einem verheerenden Giftgasunfall, bei dem 40 Tonnen eines hochgiftigen Gasgemischs entweichen, das 8.000 Menschen sofort tötet. Im Verlauf der nächsten 20 Jahre sterben weitere 20.000 Menschen an Folgekrankheiten.

04. Dezember: Atlantik - 1872: Der Frachtensegler Mary Celeste wird als Geisterschiff bei den Azoren auf dem Atlantik führerlos treibend entdeckt. Von den Menschen an Bord fehlt jede Spur.

05. Dezember: England - 1952: In London beginnt The Great Smog, der bis März 1953 etwa 12.000 Menschenleben fordert.

06. Dezember: USA - 1907: Eine Kohlenstaubexplosion verursacht in Monongah, West Virginia, die schlimmste Bergbaukatastrophe in den Vereinigten Staaten mit 362 Toten.

07. Dezember: Japan - 1944: Ein Erdbeben der Stärke 8,1 in Tonankai, Japan, fordert über 1.000 Tote.

08. Dezember: Chile - 1863: Die Jesuitenkirche Iglesia de la Compañía in Santiago de Chile wird durch ein Feuer zerstört. Den mehr als 2.000 Opfern des Brandes errichtet man genau zehn Jahre später ein Denkmal.

09. Dezember: Neuseeland - 2019: Beim Ausbruch des Vulkans Whakaari auf White Island kommen insgesamt 22 Menschen ums Leben. Zudem werden mehrere Personen verletzt.

10. Dezember: Hessen - 1586: Beim ersten Höchster Stadtbrand wird ein Großteil der Kleinstadt Höchst am Main zerstört, 56 Häuser und 23 Scheunen des rund 100 Gebäude umfassenden Ortes werden ein Raub der Flammen.

11. Dezember: USA - 1990: 99 Fahrzeuge fahren wegen starken Nebels auf einem Zwischenstück der Route 75 in Tennessee, USA, ineinander. 12 Menschen sterben, 65 werden verletzt. Es ist der größte Verkehrsunfall in der Geschichte der USA.

12. Dezember: Frankreich - 1917: In der Nacht vom 12. zum 13. Dezember ereignet sich in der Nähe von Saint-Michel-de-Maurienne in den französischen Alpen ein schweres Eisenbahnunglück, als ein aus Italien kommender Militärzug aufgrund überhöhter Geschwindigkeit bei versagenden Bremsen entgleist. Das Ausmaß der Katastrophe (geschätzt 700 Todesopfer) wird wegen des Ersten Weltkrieges durch die Militärzensur zunächst geheim gehalten.

13. Dezember: Antiochia - 115: Antiochia wird durch ein Erdbeben zerstört. Da sich der römische Kaiser Trajan wegen des Partherkriegs zu dem Zeitpunkt gerade in der Stadt befindet, erhöht sich die Opferzahl, die in die Tausende geht, noch zusätzlich.

14. Dezember: Norddeutschland - 1287: Die Luciaflut bricht über die deutsche Nordseeküste herein, wobei an die 50.000 Menschen sterben.

15. Dezember: Korea - 1970: Der Untergang der südkoreanischen Fähre Namyong Ho in der Koreastraße kostet 308 Menschenleben.

16. Dezember: Europa - 1631: Der Vesuv bricht aus. Die bis zum 18. Dezember dauernde Eruption kostet etwa 4.000 Menschen das Leben. 40.000 Menschen bringen sich aus den umliegenden Orten nach Neapel in Sicherheit.

17. Dezember: Dänemark - 1859: Im Schloss Frederiksborg, der dänischen Königsresidenz, wütet ein am Vortag begonnener Großbrand, der die Einrichtung des ganzen Hauptgebäudes zerstört.

18. Dezember: Mittelmeer - 1878: Der französische Passagierdampfer Byzantin kollidiert bei orkanartigem Wetter am Eingang der Dardanellen mit dem britischen

Dampfschiff Rinaldo und kentert. Etwa 150 Menschen sterben.

19. Dezember: Venezuela - 1982: Beim Brand eines Tanklagers im venezolanischen Tacoa kommen durch eine Explosion 150 Menschen ums Leben.

20. Dezember: Japan - 1946: Ein Erdbeben der Stärke 8,1 in Tonankai, Japan, fordert 1.330 Todesopfer.

21. Dezember: England - 1910: Bei einer Explosion in einem Bergwerk, dem Pretoria Pit Disaster, sterben im englischen Westhoughton 344 Bergleute.

22. Dezember: Deutschland - 1939: Auf dem Bahnhof in Genthin fordert die Kollision zweier D-Züge kurz nach Mitternacht 186

Menschenleben. Am selben Abend stoßen auf der Bahnstrecke Stahringen–Friedrichshafen, zwischen Markdorf und Kluftern zwei weitere Züge zusammen. Dort sterben 101 Menschen. Damit ist dieser Tag der schwärzeste in der deutschen Eisenbahngeschichte.

23. Dezember: Frankreich - 1933: Das Zugunglück auf der Strecke Lagny–Pomponne führt in Frankreich zu 204 Toten und 120 Verletzten. Der Schnellzug Paris–Straßburg fährt an einem Signal auf den Zug nach Nancy auf.

24. Dezember: Nordseeküste - 1717: Die Weihnachtsflut an der Nordsee fordert rund 11.500 Menschenleben von den Niederlanden bis nach Dänemark.

25. Dezember: Andalusien - 1884: Beim nur 20 Sekunden dauernden Erdbeben von

Andalusien 1884 kommen rund 900 Menschen ums Leben, über 1.500 werden verletzt.

26. Dezember: Indischer Ozean - 2004: Ein schweres Erdbeben im Indischen Ozean der Stärke 9,1 und die nachfolgenden Tsunamis verwüsten Dörfer und Städte an den umliegenden Küsten. Bei dem Unglück sterben ca. 231.000 Menschen, Millionen werden obdachlos. Der Tsunami verursacht mit dem Zugunglück von Peraliya auch das schwerste Zugunglück der Geschichte mit mutmaßlich etwa 1.700 Toten.

27. Dezember: Indien - 1975: In Chasnala im indischen Bundesstaat Jharkhand ereignet sich eine Explosion in einem Steinkohlenbergwerk, der ein Wassereinbruch folgt. 372 Bergleute verlieren ihr Leben bei einer der weltweit schwersten Minenkatastrophen.

28. Dezember: Italien - 1908: Die süditalienischen Städte Messina und Reggio

Calabria werden durch ein schweres Erdbeben zerstört, bei dem über 100.000 Menschen sterben.

29. Dezember: USA - 1876: Ein Brückeneinsturz beim Passieren eines Personenzuges führt zum Eisenbahnunfall von Ashtabula. 92 Tote und 64 Verletzte sind das Resultat beim lange Jahre schwersten Zugunglück in den USA.

30. Dezember: Argentinien - 2004: Ein in der überfüllten Diskothek República Cromañón ausgebrochener Brand führt in Buenos Aires zu 194 Toten und etwa 700 Verletzten.

31. Dezember: Norddeutschland - 1720: Eine einsetzende schwere Sturmflut verursacht an der deutschen Nordseeküste erhebliche Schäden. Auf Helgoland wird in der auch an

Neujahr tobenden See die Düne von der Hauptinsel abgetrennt.